SOCIOLOGIE

THINGS YOU SHOULD KNOW

(QUESTIONS ET REPONSES)

Rumi Michael Leigh

Introduction

Je tiens à vous remercier et à vous féliciter pour avoir téléchargé ce livre, "Sociologie, things you should know (questions et réponses)" série.

Ce livre vous donnera une bonne connaissance du comportement humain et comment nous réagissons à ce qui se passe dans notre société.

Merci encore d'avoir téléchargé ce livre, j'espère que vous l'apprécierez !

Introduction: Questions: Partie 1

1. Qu'est-ce que la sociologie ?
2. Qu'est-ce que la socialisation ?
3. Qu'est-ce qu'une société ?
4. Quelle est la clé de la recherche en sociologie ?
5. Qu'est-ce que la socialisation primaire ?
6. Nommer les agents de la socialisation primaire.
7. Qu'est-ce que la socialisation secondaire ?
8. Nommer un agent de la socialisation secondaire.
9. Qu'est-ce que la représentation sociale ?
10. Nommer deux types de représentation sociale.

1. La sociologie est l'étude scientifique du comportement humain par rapport à la société.
2. La socialisation est le processus d'intégration d'un individu dans une société.
3. Une société est un groupe de personnes qui vivent dans une région et partagent la même culture.
4. La sociologie cherche les schémas, les schémas récurrents entre le comportement humain et la société.
5. C'est la socialisation pendant l'enfance.
6. La famille, l'école, etc.
7. C'est la socialisation à laquelle un individu est exposé dans toute sa vie d'adulte.
8. La socialisation professionnelle.
9. C'est une connaissance sociale élaborée et partagée dans la société.
10. Les stéréotypes et les normes.

Générales: Questions : Partie 2

1. Qu'est-ce que la localisation sociale ?
2. Quels sont les principaux facteurs qui déterminent la situation sociale d'un individu ?
3. Pourquoi l'emplacement social d'un individu est-il important ?
4. La sociologie est-elle une science ? Si oui, pourquoi ?
5. Qu'est-ce que l'histoire ?
6. Qu'est-ce que l'anthropologie ?
7. Qu'est-ce que la philosophie ?
8. Qu'est-ce que la psychologie ?
9. Qu'est-ce que la psychologie sociale ?
10. Qu'est-ce que le paradigme ?

1. C'est l'endroit où vous vous situez dans la société en fonction de plusieurs facteurs.
2. La race, la religion, le genre, l'orientation sexuelle, la classe sociale, etc.
3. Il est important parce qu'il fait savoir à un individu ce qu'il peut faire, son éducation, ce qu'il est autorisé à faire, ses choix dans la vie et ses limites. Et aussi, certains facteurs au-delà de son contrôle.
4. Oui. C'est parce qu'elle est aussi basée sur des faits.
5. C'est la recherche, la connaissance du passé de l'humanité et de la société humaine.
6. L'anthropologie est l'étude d'un être humain d'une manière holistique. Cela permet à une personne de mieux se connaître.
7. C'est la conception qui consiste en différents principes de personnes et de choses.
8. C'est une discipline qui étudie nos activités mentales et notre comportement en fonction des conditions environnementales.

9. C'est l'interaction entre l'aspect mental de l'humain et l'aspect social.

10. C'est un concept ou un modèle de la façon dont nous analysons les choses, une situation, un sujet.

1. Qu'est-ce que la sociologie critique ?
2. Qu'est-ce que la sociologie interprétative ?
3. Donner un exemple de la façon dont la recherche en sociologie interprétative est faite.
4. Qu'est-ce qu'une théorie positive ?
5. Qu'est-ce qu'une théorie normative ?
6. Qu'est-ce que la subjectivité ?
7. Qu'est-ce qu'une recherche quantitative ?
8. Qu'est-ce qu'une donnée descriptive ?
9. Qu'est-ce qu'une donnée qualitative ?
10. Nommer certains moyens de collecte de données.

1. C'est une branche de la sociologie qui étudie le besoin et l'importance du changement.
2. C'est la branche de la sociologie qui donne un sens à l'interaction humaine avec la société.
3. Par interview.
4. C'est une théorie basée sur des faits et c'est une théorie qui est objective.
5. C'est une théorie qui n'est pas vraiment basée sur des faits et c'est une théorie subjective.
6. C'est le sens que nous attribuons aux choses selon notre façon de penser, nos croyances et nos expériences.
7. C'est la recherche basée sur des données.
8. Elle décrit les données, les preuves, les faits, les chiffres, les statistiques, etc. qui sont en cours de recherche.
9. Elle décrit une donnée qui ne peut normalement pas être quantifiée.
10. Les expériences, les observations, les enquêtes et les ressources existantes.

Leadership: Questions: Partie 4

1. Qui est un leader ?
2. Nommer différents types de leadership dans un groupe.
3. Qu'est-ce que le leadership transformationnel ?
4. Qu'est-ce que le leadership charismatique ?
5. Quel est le principal inconvénient d'un leadership charismatique ?
6. Qu'est-ce qu'un leadership transactionnel ?
7. Qu'est-ce qu'un leadership serviteur ?
8. Qu'est-ce qu'un leadership autocratique ?
9. Qu'est-ce qu'un leadership démocratique ?
10. Qu'est-ce qu'un leadership bureaucratique ?

Leadership: Réponses: Partie 4

1. Un leadership est le processus qu'une personne dirige/mène un groupe.

2. Leadership transformationnel, leadership démocratique, leadership charismatique, leadership transactionnel, leadership serviteur, leadership autocratique, leadership bureaucratique, leadership du laissez-faire et leadership situationnel.

3. C'est un leadership qui inspire, stimule, renforce la confiance et utilise de bonnes compétences en communication.

4. C'est un leadership qui utilise des charmes positifs pour stimuler et inspirer le personnel.

5. Puisqu'il est basé sur le charme, la présence du chef est souvent nécessaire pour stimuler le personnel.

6. C'est un genre de leadership qui nécessite une sorte d'échange. Par exemple : il y a des récompenses et des punitions pour les tâches.

7. C'est quand le leader partage son autorité avec le personnel.

8. C'est une sorte de leadership dictatorial et seule l'opinion du leader compte.

9. C'est une sorte de leadership de coopération ; le leader est intéressé par l'opinion du personnel avant de prendre une décision finale.

10. C'est un leadership basé sur la hiérarchie. Les règles sont très réglementées et doivent être strictement appliquées.

Leadership: Questions: Partie 5

1. Qu'est-ce que le leadership du laissez-faire ?

2. Quel pourrait être l'avantage du leadership du laissez-faire ?

3. Quel pourrait être le désavantage du leadership du laissez-faire ?

4. Qu'est-ce que le leadership situationnel ?

Leadership: Réponses: Partie 5

1. C'est quand le leader laisse le personnel avec un haut niveau de liberté.
2. C'est bon pour la créativité et les travailleurs déjà disciplinés.
3. Si le personnel n'est pas discipliné, cela pourrait entraîner une désorganisation, une baisse de productivité et même un manque de respect entre les membres du personnel.
4. C'est un style de leadership qui est adapté en fonction de la complexité de la situation.

Groupes: Questions: Partie 6

1. Qu'est-ce que les groupes internes ?
2. Qu'est-ce que les groupes externes ?
3. Quel est le principal avantage d'un petit groupe ?
4. Quel est le principal inconvénient d'un petit groupe ?
5. Quel est le principal avantage d'un grand groupe ?

6. Quel est le principal inconvénient d'un grand groupe ?

Groupes: Réponses: Partie 6

1. Ce sont des groupes avec lesquels nous nous identifions.
2. Ce sont des groupes avec lesquels nous ne nous identifions pas.
3. Il a un lien solide.
4. Il est moins stable.
5. Il est beaucoup plus stable qu'un groupe plus petit.
6. Il y a moins de liens entre les membres du groupe.

Économie sociale: Questions: Partie 7

1. Qu'est-ce que le capitalisme ?
2. Qu'est-ce que le socialisme ?
3. Qu'est-ce que la stratification sociale ?
4. Qu'est-ce que la mobilité intragénérationnelle ?
5. Qu'est-ce que la mobilité intergénérationnelle ?
6. Qu'est-ce que la mobilité sociale horizontale ?
7. Qu'est-ce que la mobilité relative ?
8. Nommer les 3 principaux secteurs d'une économie.
9. Qu'est-ce que le secteur primaire ?
10. Qu'est-ce que le secteur secondaire ?
11. Qu'est-ce que le secteur tertiaire ?

1. Il s'agit d'un système qui encourage le profit, la concurrence et les ressources de l'économie sont des propriétés privées. Ce système est plus sur le profit individuel.
2. C'est un système où les moyens de production sont contrôlés par la propriété sociale.
3. C'est ainsi que la société classe les gens selon la hiérarchie.
4. C'est la façon dont un individu monte et descend l'échelle sociale de la société au cours de leur génération.
5. C'est la façon dont un individu monte et descend l'échelle sociale de la société d'une génération à l'autre.
6. C'est à ce moment-là que les enfants exercent une profession différente de celle de leurs parents, mais ils restent dans la même situation sociale ou dans une situation similaire.
7. C'est l'évolution de l'échelle sociale par rapport au reste de la société.
8. Le secteur primaire, secondaire et tertiaire.

9. C'est le secteur qui extrait les matières premières de son environnement naturel.

10. C'est le secteur qui convertit les matières premières en produits manufacturés.

11. C'est le secteur qui concerne la prestation de services du secteur primaire et secondaire.

1. Qu'est-ce que la communication ?
2. Quels sont les types courants de communication ?
3. Nommer certains canaux de communication.
4. Quels sont les facteurs qui influencent la communication ?
5. Qu'est-ce que l'empathie ?
6. Le fait de donner des conseils, notre propre opinion, fait-elle partie de l'empathie ?
7. Quels sont les impératifs de l'empathie ?
8. Qu'est-ce que la sympathie ?
9. Qu'est-ce que la compassion ?

1. La communication est la transmission du message.
2. Les informations verbales, non verbales, écrites, numériques, etc.
3. La voix, le geste, la lumière, l'expression faciale, etc.
4. Les problèmes d'audition, l'âge, le niveau d'éducation, les troubles du langage, la barrière linguistique, les origines sociales et culturelles.
5. C'est la capacité de se mettre à la place d'une autre personne, de comprendre ce que la personne traverse au moyen d'une communication verbale ou non verbale.
6. Non.
7. Le fait d'écouter activement, accepter les autres sans jugement, etc.
8. C'est ce que l'on ressent avec les autres, on est d'accord avec les sentiments des personnes et on y participe.
9. C'est un sentiment de pitié qui nous rend sensibles à la souffrance des autres.

1. Qu'est-ce qu'un stéréotype ?
2. Quelles sont les fonctions des stéréotypes ?
3. Définissez les préjugés.
4. Quelles sont les caractéristiques du préjugé ?
5. Quelles sont les dimensions des préjugés ?
6. Définissez la discrimination.
7. Les préjugés conduisent-ils toujours à des actes discriminatoires ?
8. Quels sont les moyens de lutter contre les stéréotypes, les préjugés et la discrimination ?
9. Quelles sont les valeurs ?
10. Quelles sont les normes ?

Identité et diversité: Réponses : Partie 9

1. Un stéréotype est une croyance détenue par une personne par rapport à une autre personne ou un groupe de personnes.
2. Pour expliquer la réalité, pour donner un sens à la réalité, pour traiter rapidement l'information, et la justification sociale.
3. Ce sont des attitudes négatives souvent exagérées envers un groupe ou des membres d'un groupe.
4. Il apporte un sentiment d'affection (exemple : je n'aime pas). Il est généralement associé à des valences négatives comme le sexisme, le racisme, etc.
5. Une dimension motivationnelle, affective et cognitive.
6. La discrimination est un comportement négatif et injustifiable contre les gens, contre qui nous avons des préjugés.
7. Non.
8. Le fait de trouver un objectif commun, d'apprendre à mieux se connaître et à apprendre des autres et vivez la même situation.

9. Les valeurs sont des normes que les gens utilisent pour choisir ce qu'ils perçoivent comme étant juste ou faux ou bon ou mauvais.

10. Les normes sont ce que nous croyons être normal dans une société.

Identité et diversité: Questions: Partie 10

1. Qu'est-ce que la marginalisation ?

2. Qu'est-ce que la culture ?

3. Qu'est-ce qu'un symbole ?

4. Qu'est-ce que les croyances ?

5. Qu'est-ce que les mœurs ?

6. Qu'est-ce que la culture basse ?

7. Qu'est-ce que la haute culture ?

8. Qu'est-ce qu'une contre-culture ?

9. Qu'est-ce que l'ethnocentrisme ?

10. Qu'est-ce qu'un agrégat ?

1. C'est quand quelque chose est isolé et fait pour se sentir moins important.
2. C'est le mode de vie et les croyances d'un groupe de personnes.
3. Un symbole est un objet, une forme, etc. qui représente quelque chose, généralement de valeur.
4. Les croyances sont des convictions.
5. Ce sont des normes, des coutumes acceptables dans une société.
6. Elle signifie la culture populaire dans une société. La culture observée par la majorité des gens dans la société.
7. C'est la culture non populaire dans une société.
8. C'est une culture qui s'oppose à la culture dominante.
9. C'est le jugement d'une culture par la norme d'une autre culture.
10. Ce sont des individus qui se trouvent dans un lieu particulier en même temps.

Identité et diversité: Questions: Partie 11

1. Qu'est-ce qu'un groupe primaire ?
2. Donner des exemples d'un groupe primaire.
3. Quels sont les groupes secondaires ?
4. Qu'est-ce que la déviance ?
5. Qu'est-ce que l'idéologie ?
6. Qu'est-ce que la stigmatisation ?
7. Quelles sont les conséquences de la stigmatisation ?
8. Qu'est-ce qu'une corrélation ?
9. Qu'est-ce qu'une preuve empirique ?
10. Définissez le statut.

1. Un groupe primaire est un petit groupe qui est très proche. Il pourrait y avoir un attachement émotionnel et un soutien mutuel.
2. La famille et les amis.
3. Ce sont de grands groupes partageant un objectif commun partagé par tous les membres du groupe.
4. C'est tout ce qui s'écarte de ce que les gens considèrent comme normal.
5. C'est un système d'idées, de croyances, d'opinions d'un individu ou d'un groupe.
6. C'est un processus de discréditer un individu considéré comme anormal ou déviant.
7. Cela fait que l'individu se sent inférieur / manque d'estime de soi. Il vise à donner une autre "image" à un individu.
8. C'est quand un événement provoque un autre événement à suivre.
9. C'est une forme de preuve où les données sont analysées par observation et / ou par des expériences.

10. C'est la position sociale d'un individu dans la société.

Identité et diversité: Questions : Partie 12

1. Qu'est-ce que le patriarcat ?
2. Qu'est-ce que le matriarcat ?
3. Qu'est-ce que la stratification des genres ?
4. Quels sont les biais explicites ?
5. Quels sont les biais implicites ?
6. Qu'est-ce que la ségrégation ?

Identité et Diversité: Réponses : Partie 12

1. C'est une situation dans une société où les hommes dominent.
2. C'est une situation dans une société où les femmes dominent.
3. C'est la répartition inégale des ressources entre les sexes.
4. Ce sont des croyances ou des attitudes conscientes que nous avons à propos d'un groupe.
5. Ce sont des croyances ou des attitudes inconscientes que nous avons à propos d'un groupe.

6. Il s'agit d'une non-interaction de certaines catégories de personnes par la séparation physique et / ou sociale.

1. Qu'est-ce que l'inégalité sociale ?
2. Pourquoi utilisons-nous le mot social dans l'inégalité sociale ?
3. Qui / quelle est la cause de l'inégalité sociale ?
4. Est-il possible de lutter contre les inégalités sociales ?
5. Si la réponse à la question 4 est oui, alors pourquoi ?
6. Quelles sont les ressources inégalement réparties ?
7. Qu'est-ce que le capital économique ?
8. Qu'est-ce que le capital culturel ?
9. Qu'est-ce que le capital social ?
10. Définissez la pauvreté absolue.

1. C'est une situation où les ressources d'une économie sont inégalement réparties.
2. C'est parce que la distribution des ressources dans une économie est un phénomène social et non un phénomène naturel.
3. L'organisation sociale de la société.
4. Oui.
5. C'est parce que l'organisation de la distribution des ressources est faite par des personnes dans la société.
6. Capital économique, capital culturel et capital social.
7. Le capital économique comprend toutes les ressources économiques d'un individu, y compris son salaire et son patrimoine.
8. Le capital culturel comprend toutes les ressources culturelles d'un individu, y compris son niveau d'éducation, ses compétences, etc.
9. Le capital social comprend toutes les ressources sociales d'un individu, y compris ses contacts sociaux et ses relations.

10. C'est le seuil de la pauvreté. Elle inclut le minimum nécessaire pour survivre.

Inégalité sociale: Questions: Partie 14

1. Quels sont les besoins nécessaires pour survivre dans la société ?
2. Quel est l'avantage de la définition de la pauvreté absolue ?
3. Quel est le désavantage de la définition de la pauvreté absolue ?
4. Qu'est-ce que la pauvreté relative ?
5. Quel est l'avantage de la définition de la pauvreté relative ?
6. Quel est le désavantage de la définition de la pauvreté relative ?
7. Quel est le principal vecteur de la reproduction de l'inégalité sociale intergénérationnelle ?
8. Quelles sont les causes des inégalités sociales dans le système de santé ?
9. Quelles sont les conséquences des évaluations sociales constantes ?
10. Nommer certains problèmes de santé / dangers liés à l'inégalité sociale.
11. Comment les inégalités sociales de santé peuvent-elles être améliorées ?

1. La nourriture, les vêtements et l'abris.
2. Il montre la mesure réelle de la pauvreté.
3. Il ne permet pas de comparaison internationale.
4. C'est un système de pauvreté qui varie d'un pays à l'autre.
5. Il permet une comparaison internationale.
6. Il dépend fortement du niveau d'inégalité sociale d'un pays.
7. Les inégalités culturelles, le système de scolarité gratuit et le système scolaire.
8. Les conditions de vie, la culture somatique, le système de santé inégal, et le système social inégal.
9. La perte de confiance et l'augmentation de l'anxiété.
10. Le stress, l'obésité, la consommation de drogue, la violence, l' incarcération en prison élevée, et les grossesses non désirées.
11. En renforçant les campagnes de prévention en santé, et en réduisant les inégalités sociales.

1. Qu'est-ce que la santé ?
2. La santé est-elle l'absence de maladie ?
3. Qu'est-ce que la santé publique ?
4. Qu'est-ce qu'un bon indicateur de santé ?
5. Nommer les indicateurs de santé.
6. Qu'est-ce que le taux de natalité ?
7. Qu'est-ce que le taux de létalité ?
8. Qu'est-ce qu'une incidence ?
9. Qu'est-ce qu'une prévalence ?
10. Définissez l'épidémiologie.

1. C'est un état complet de bien-être, à la fois physique et mental.
2. Non.
3. Il s'agit d'une combinaison de techniques et de connaissances qui contribuent à améliorer la santé et la qualité de vie d'une population.
4. Un bon indicateur de santé devrait être simple, facile à calculer, reproductible, valide et précis.
5. L'espérance de vie, la natalité, le taux de natalité, la mortalité, le taux de mortalité, la démographie, la naissance, le taux de natalité, la morbidité, le taux de morbidité, etc.
6. C'est le nombre total de naissances (naissances vivantes) dans une population pour mille dans une année donnée.
7. Il s'agit du nombre de personnes qui ont contracté une maladie et sont décédées de cette maladie pour mille dans une année donnée.
8. C'est le nombre d'un nouveau cas dans une population à une période donnée.
9. Une prévalence est le nombre total de cas d'une maladie déjà existante à une période donnée.

10. C'est la science qui étudie la fréquence, la distribution et les déterminants des problèmes de santé et de maladie dans une population.

Santé publique: Questions: Partie 16

1. Qu'est-ce que la prévention ?
2. Donner quelques mesures de prévention.
3. Qu'est-ce que la prévention primaire ?
4. Qu'est-ce que la prévention secondaire ?
5. Qu'est-ce que la prévention tertiaire ?
6. Qu'est-ce que la promotion de la santé ?
7. Qu'est-ce que le dépistage ?
8. Quels sont les processus de sélection ?
9. Quels sont certains critères importants de dépistage ?
10. Qu'est-ce que la sensibilité au dépistage ?

1. La prévention aide à réduire l'impact de la maladie et / ou arrêter sa progression.
2. L'amélioration de la politique concernant l'éducation à la santé, le contrôle environnemental, et l'intervention médicale.
3. C'est l'étape de la prévention qui vise à réduire la fréquence d'une maladie.
4. C'est l'étape de la prévention qui vise à détecter une maladie à ses débuts.
5. C'est l'étape de prévention qui vise à limiter les complications et la progression d'une maladie.
6. C'est un processus qui donne et encourage la population à avoir les moyens et le contrôle pour améliorer sa santé.
7. C'est une pratique clinique qui aide à identifier, tester et traiter la maladie dans une population.
8. Pour déterminer la probabilité de maladie chez un individu, donner un diagnostic, et intervenir si le diagnostic est positif.
9. La maladie présente un problème majeur pour la santé publique, les avantages pour la santé doivent être supérieurs aux risques physiques, le

processus de sélection doit être acceptable par la population, et les bénéfices du dépistage doivent compenser ou même mieux, être supérieurs au coût économique du dépistage, etc.

10. C'est la probabilité d'avoir un résultat positif lorsque la maladie est présente.

1. Qu'est-ce que la spécificité du dépistage ?
2. Quelle est la valeur prédictive positive du dépistage ?
3. Quelle est la valeur prédictive négative du dépistage ?
4. Nommer une maladie infectieuse qui est vérifiée avec le dépistage.
5. Nommer une maladie cancéreuse qui pourrait également être vérifiée avec un dépistage.
6. Nommer d'autres maladies qui pourraient également être vérifiées avec le dépistage.
7. Qu'est-ce que le dépistage systématique ?
8. Qu'est-ce que le dépistage individuel ?

1. C'est la probabilité de trouver un résultat négatif lorsque la maladie n'est pas présente.
2. C'est la probabilité qu'une maladie soit présente lorsque le test est positif.
3. C'est la probabilité qu'une maladie ne soit pas présente lorsque le test est négatif.
4. Le VIH, la syphilis, la gonorrhée, l'hépatite B et C et la tuberculose pulmonaire.
5. Le cancer du sein, le cancer de la prostate, le cancer du poumon, le cancer de la peau, le cancer rectal, et le cancer du côlon.
6. L'ostéoporose, le glaucome, les maladies cardiovasculaires et le diabète.
7. C'est le dépistage prévu pour une population définie. Une population en bonne santé.
8. C'est le dépistage prévu en cas de suspicion ou de signes de maladie.

Conclusion

Merci encore une fois pour avoir téléchargé ce livre. J'espère que cela vous a aidé à acquérir plus de connaissances en sociologie.

S'il vous plaît, si vous avez aimé ce livre, je voudrais que vous laissiez un commentaire. Ce serait apprécié.

Je vous remercie.

www.ingramcontent.com/pod-product-compliance
Lightning Source LLC
Chambersburg PA
CBHW051132250726
48655CB00007B/3025